Impressum
Verlag: BABADADA GmbH, Nedderfeld 112 , 22529 Hamburg
Geschäftsführer / Verlagsleitung: Harald Hof
Druck: Books on Demand GmbH, In de Tarpen 42, 22848 Norderstedt

Imprint
Publisher: BABADADA GmbH, Nedderfeld 112 , 22529 Hamburg, Germany
Managing Director / Publishing direction: Harald Hof
Print: Books on Demand GmbH, In de Tarpen 42, 22848 Norderstedt, Germany

de School
școală

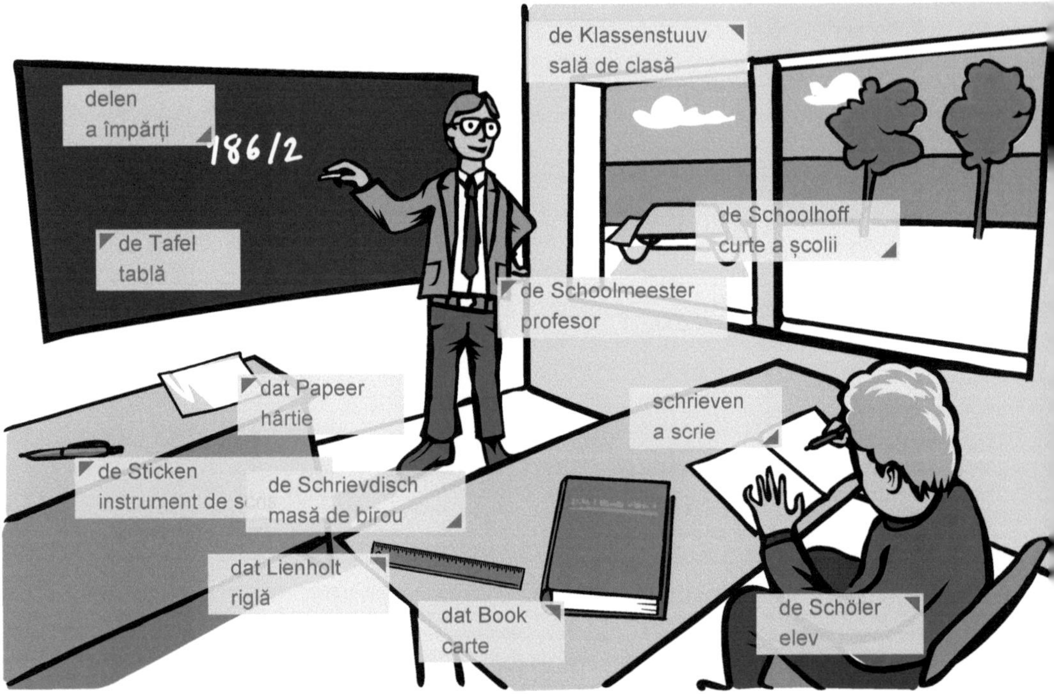

de Klassenstuuv
sală de clasă
delen
a împărți
186/2
de Tafel
tablă
de Schoolhoff
curte a școlii
de Schoolmeester
profesor
dat Papeer
hârtie
schrieven
a scrie
de Sticken
instrument de s
de Schrievdisch
masă de birou
dat Lienholt
riglă
dat Book
carte
de Schöler
elev

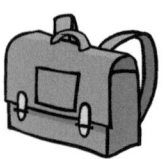

de Ranzel

ghiozdan

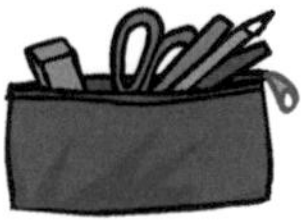

de Feddermapp

penar

de Bleesticken

creion

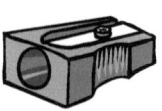

de Scharpmaker

ascuțitoare

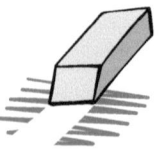

dat Radeergummi

radieră

de Tekenblock

bloc de desen

de Teken

desen

de Pinsel

pensulă

de Malkassen

cutie de acuarele

de Scheer

foarfece

de Klever

lipici

dat Heft to'n Öven

caiet de exerciții

de Huusopgaav

temă

de Tall

număr

tohooptellen

a aduna

aftrecken

a scădea

malnehmen

a multiplica

reken

a calcula

de Bookstaav

literă

dat ABC

alfabet

dat Woort

cuvânt

de Text

text

lesen

a citi

de Kried

cretă

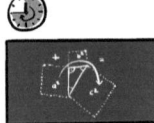

de Stunn

oră

dat Klassenbook

catalog

de Pröven

examen

dat Tüügnis

certificat

de Schooluniform

uniformă școlară

de Utbillen

educație

dat Nakieksel

enciclopedie

de Universität

universitate

dat Mikroskop

microscop

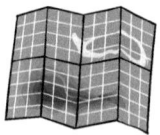

de Koort

hartă

de Papeerkorf

coș de gunoi

de School - școală

de Törn
călătorie

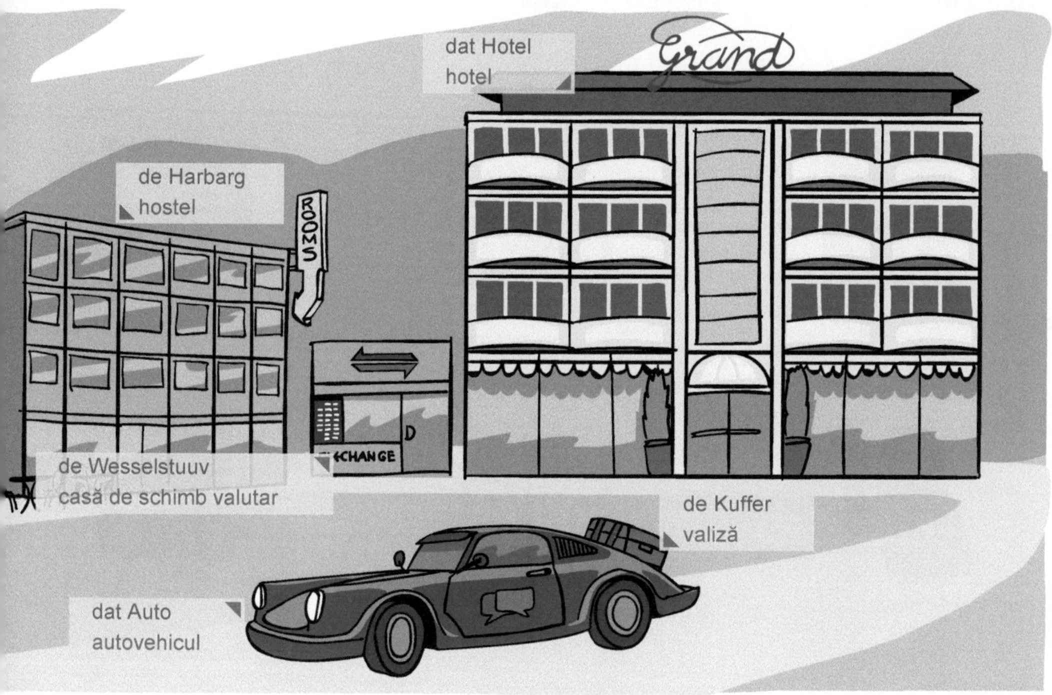
dat Hotel
hotel
Grand
de Harbarg
hostel
ROOMS
de Wesselstuuv
casă de schimb valutar
de Kuffer
valiză
dat Auto
autovehicul

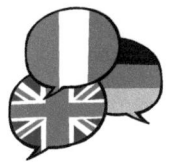

de Spraak

limbă

jo / ne

da/nu

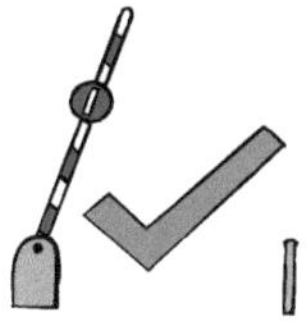

Jo

okay

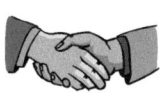

Moin

Bună!

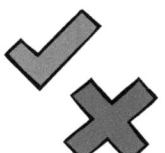

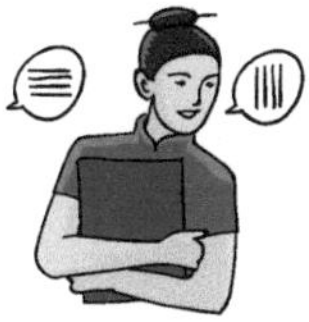

de Översetter

interpret

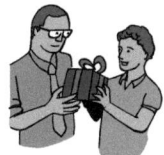

Dank ok

mulțumesc

Wat kost…?

Cât costă…?

Ik verstah nich

Nu înțeleg

dat Problem

problemă

Goden Avend

Bună seara!

Moin!

Bună dimineața!

Gode Nacht!

Noapte bună!

Tschüüs

la revedere

de Richt

direcție

de Bagaasch

bagaj

de Tasch

geantă

de Rüchsack

rucsac

de Gast

oaspete

de Stuuv

cameră

de Slaapsack

sac de dormit

dat Telt

cort

de Touristeninformatschoon

punct de informare turistică

de Strand

plajă

de Kreditkoort

carte de credit

dat Fröhstück

mic dejun

dat Meddageten

masa de prânz

dat Avendeten

cină

de Fohrkort

bilet de călătorie

de Fohrstohl

lift

de Breefmark

timbru poștal

de Grenz

graniţă

de Toll

vamă

de Bottschop

ambasadă

dat Visum

viză

de Pass

pașaport

de Transport
transport

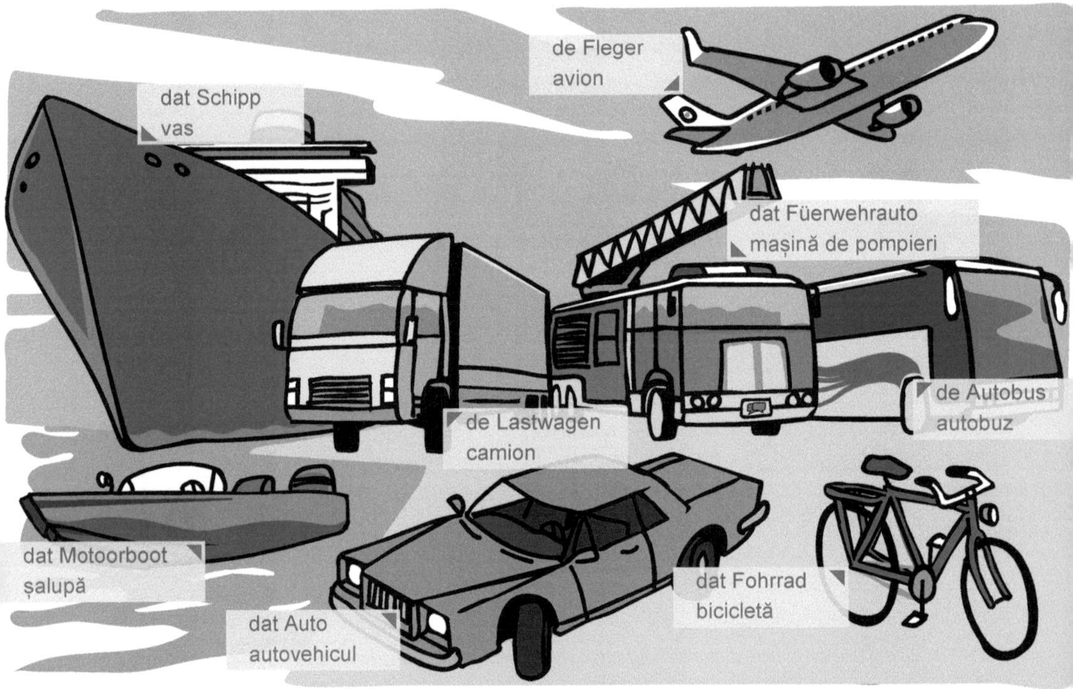

de Fleger
avion
dat Schipp
vas
dat Füerwehrauto
mașină de pompieri
de Autobus
autobuz
de Lastwagen
camion
dat Motoorboot
șalupă
dat Fohrrad
bicicletă
dat Auto
autovehicul

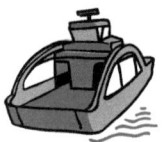

de Fähr

feribot

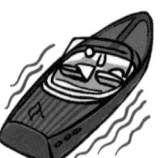

dat Boot

barcă

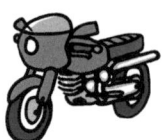

dat Motoorrad

motocicletă

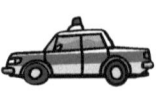

dat Polizeiauto

mașină de poliție

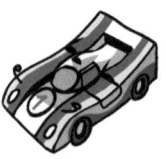

dat Rönnauto

mașină de curse

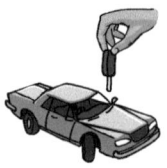

de Lehnwagen

mașină închiriată

dat Carsharing

car sharing

de Afsleepwagen

mașină de tractat

dat Müllauto

mașină de gunoi

de Motoor

motor

de Kraftstoff

combustibil

de Tanksteed

benzinărie

dat Verkehrsschild

semn de circulație

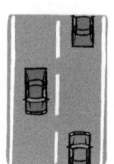

de Verkehr

trafic

de Stau

ambuteiaj

de Afstellplatz

parcare

de Bahnhoff

gară

de Sporen

șine

de Tog

tren

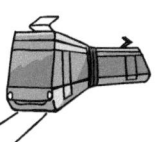

de Stratenbahn

tramvai

de Wagon

vagon

de Dwarsmöhl

elicopter

de Flooghaven

aeroport

de Tower

turn

de Fohrgast

pasager

de Grootkist

container

de Karton

carton

de Koor

căruță

de Korf

coș

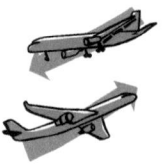

starten / lannen

a decola/a ateriza

de Stadt

oraș

dat Dörp

sat

de Binnenstadt

centru

dat Huus

casă

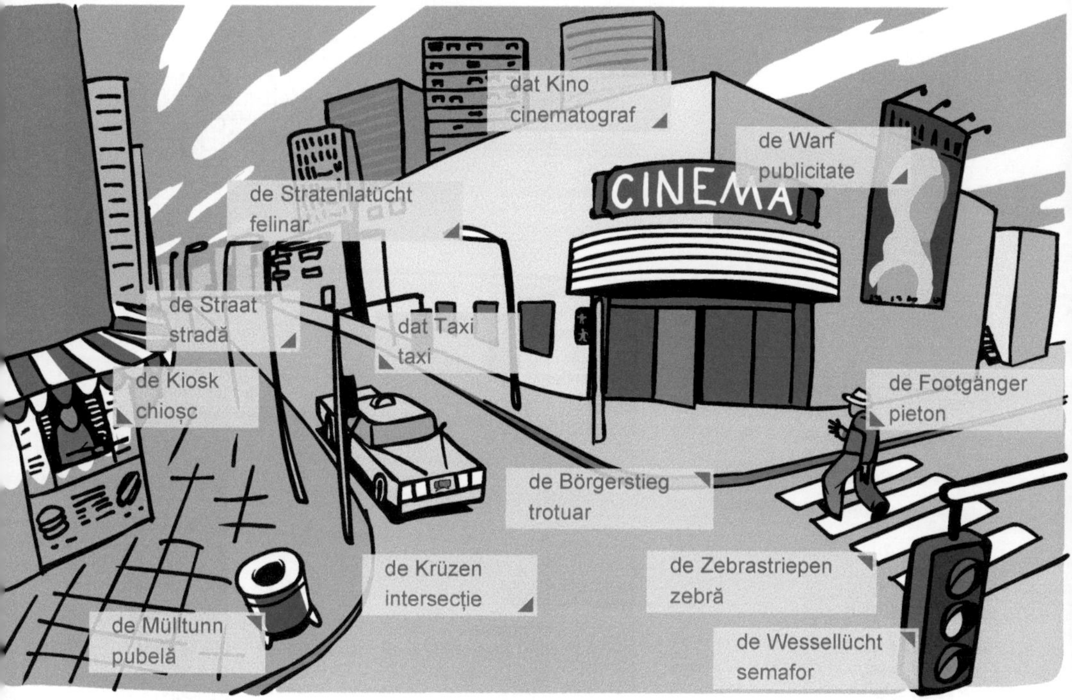

dat Kino
cinematograf

de Warf
publicitate

de Stratenlatücht
felinar

de Straat
stradă

dat Taxi
taxi

de Kiosk
chioșc

de Footgänger
pieton

de Börgerstieg
trotuar

de Krüzen
intersecție

de Zebrastriepen
zebră

de Mülltunn
pubelă

de Wessellücht
semafor

de Hütt
cabană

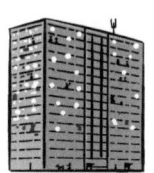

de Wahnung
apartament

de Bahnhoff
gară

dat Raathuus
primărie

dat Museum
muzeu

de School
școală

de Stadt - oraș

de Universität

universitate

de Bank

bancă

dat Krankenhuus

spital

dat Hotel

hotel

de Afteek

farmacie

dat Büro

birou

de Bookhökerie

librărie

de Hökerie

magazin

de Blomenhökerie

florărie

de Supermarkt

supermarket

de Markt

piață

dat Koophuus

magazin universal

de Fischhökerie

comerciant de pește

dat Inkoopszentrum

centru comercial

de Haven

port

de Stadt - oraș

de Parkanlaag

parc

de Bank

bancă

de Brüch

pod

de Trepp

trepte

de Ünnergrundbahn

metrou

de Tunnel

tunel

de Busstoppsteed

stație de autobuz

de Bar

bar

dat Spieslokal

restaurant

de Breefkassen

cutie poștală

dat Stratenschild

tăbliță indicatoare cu
numele străzii

de Parkklock

parcometru

de Deertenpark

grădină zoologică

de Baadanstalt

piscină

de Moschee

moschee

de Buernhoff

gospodărie țărănească

de Ümweltversmudden

poluare

de Karkhoff

cimitir

de Kark

biserică

de Speelplatz

loc de joacă

de Tempel

templu

de Landschop

peisaj

dat Blatt
frunză

de Wiespahl
indicator

de Weg
drum

de Wisch
pajiște

de Steen
piatră

de Boom
copac

de Wannerer
drumeț

de Fluss
râu

dat Gras
iarbă

de Bloom
floare

dat Daal

vale

de Barg

deal

de See

lac

dat Holt

pădure

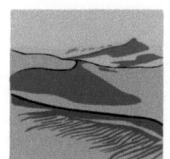

de Wööst

deșert

de Füerspien Barg

vulcan

dat Slott

castel

de Regenbagen

curcubeu

de Poggenstohl

ciupercă

de Palm

palmier

de Steekmück

țânțar

de Fleeg

muscă

de Miegeemk

furnică

de Imm

albină

de Spinn

păianjen

de Sebber

gândac

de Pogg

broască

de Katteker

veveriță

de Swienegel

arici

de Haas

iepure

de Uul

bufniță

de Vagel

pasăre

de Swaan

lebădă

dat Wildswien

porc mistreț

de Hirsch

cerb

de Elk

elan

de Staudamm

dig

dat Windrad

turbină eoliană

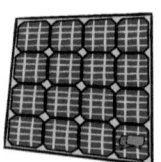

dat Solarmodul

panou solar

dat Klima

climă

dat Spieslokal
restaurant

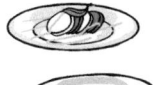

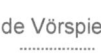

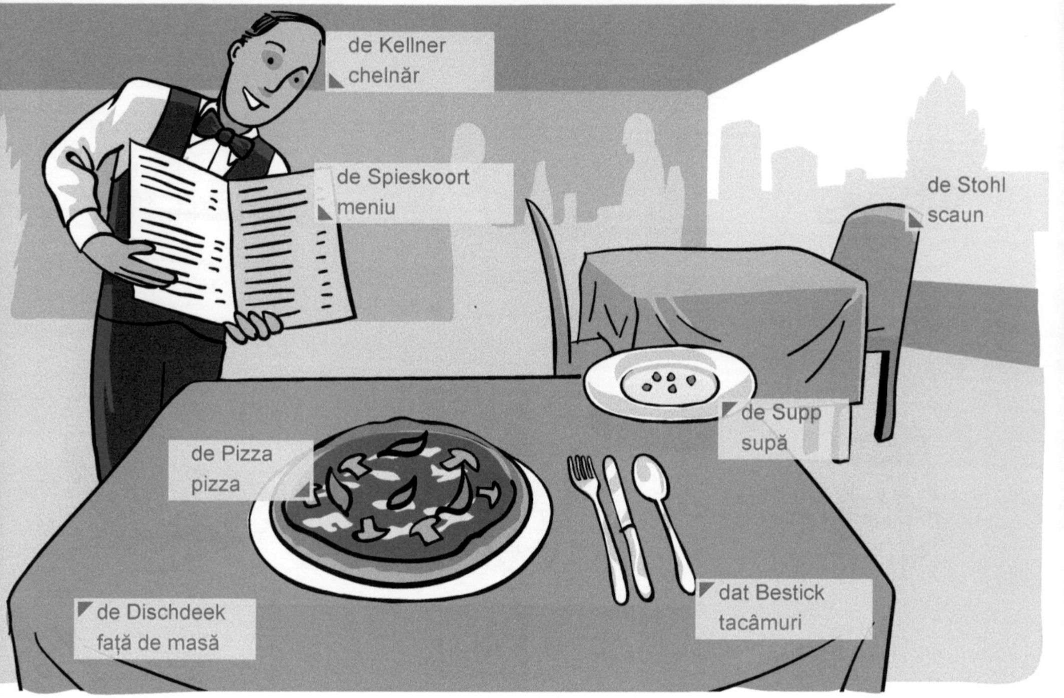
de Kellner
chelnăr
de Spieskoort
meniu
de Stohl
scaun
de Supp
supă
de Pizza
pizza
de Dischdeek
față de masă
dat Bestick
tacâmuri

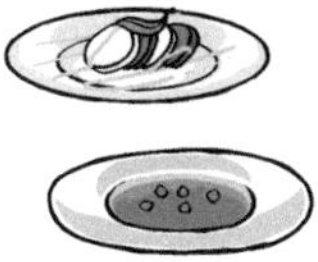

de Vörspies

antreu

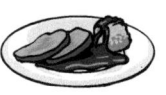

dat Haupteten

fel principal

de Nadisch

desert

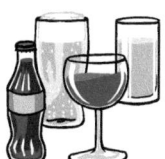

de Drünk

băuturi

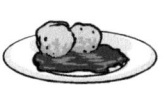

dat Eten

mâncare

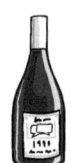

de Buddel

sticlă

dat Fastfood

fastfood

dat Strateneten

streetfood

de Teekann

ceainic

de Zuckerdoos

zaharniță

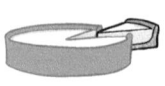

de Portschoon

porție

de Espressomaschien

espressor

de Hoochstohl

scaun înalt (pentru copii)

de Reken

factură

dat Tablett

tavă

dat Mess

cuțit

de Gavel

furculiță

de Lepel

lingură

de Teelepel

linguriță

dat Munddook

șervețel

dat Glas

pahar

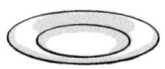

de Töller

farfurie

de Suppentöller

farfurie de supă

de Ünnertass

farfurie

de Sooß

sos

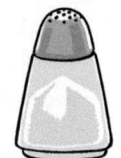

de Soltstreuer

solniţă

de Pepermöhl

râșniţă de piper

de Etig

oţet

dat Ööl

ulei

de Krüder

condimente

de Ketchup

ketchup

de Mostrich

muștar

de Mayonnaise

maioneză

de Supermarkt
supermarket

dat Anbott
ofertă
FOR
de Kunn
client
de Melkprodukten
produse lactate
dat Aaft
fructe
de Inkoopswagen
cărucior de cumpărături

BUTCHERS

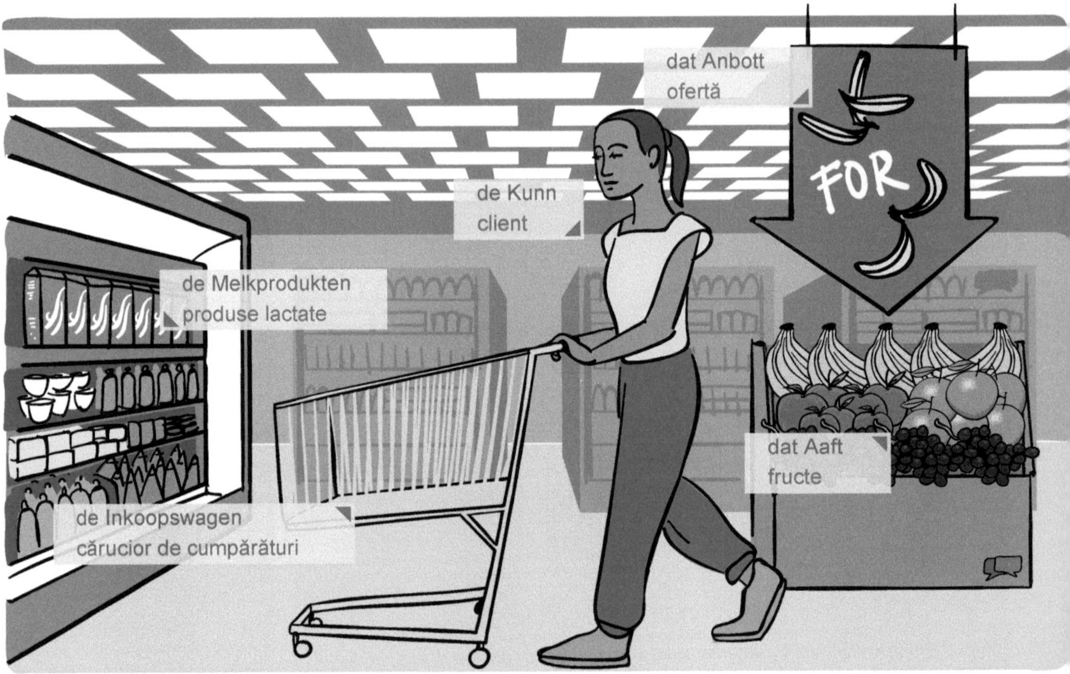

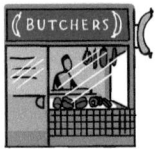

de Slachterie

măcelărie

BAKERY

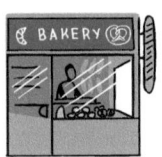

de Bäckerie

brutărie

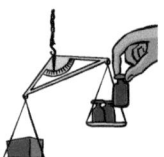

wegen

a cântări

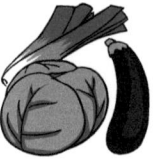

de Gröönsaken

legume

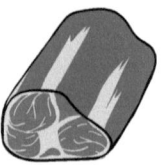

dat Fleesch

carne

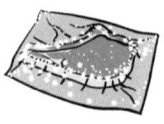

de Deepköhlkost

alimente refrigerate

de Opsnitt

mezeluri și brânzeturi feliate

de Konserven

conserve

de Waschmiddel

detergent

de Snoopkraam

dulciuri

de Huushooltssaken

articole de menaj

de Reinmaaktüüch

produse de curățenie

de Verköpersche

vânzătoare

de Kass

casă

de Kasserer

casier

de Inkoopslist

listă de cumpărături

de Opsparrtieden

orar

de Breeftasch

portmoneu

de Kreditkoort

carte de credit

de Tasch

geantă

de Plastiktüüt

pungă de plastic

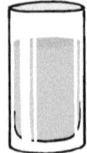

dat Water

apă

de Saft

suc

de Melk

lapte

de Cola

cola

de Wien

vin

dat Beer

bere

de Spriet

alcool

de Kakao

cacao

de Tee

ceai

de Koffie

cafea

de Espresso

espresso

de Cappucino

cappucino

de Banaan

banane

de Appel

măr

de Appelsien

portocală

de Meloon

pepene

de Zitroon

lămâie

de Wöttel

morcov

de Knuuvlook

usturoi

de Bambus

bambus

de Zibbel

ceapă

de Poggenstohl

ciupercă

de Nööt

nuci

de Nudeln

paste făinoase

de Spaghetti

spagheti

de Ries

orez

de Salat

salată

de Pommes frites

cartofi prăjiți

de Braadkantüffeln

cartofi țărănești

de Pizza

pizza

de Hamborger

hamburger

dat Sandwich

sandwich

dat Snitzel

șnițel

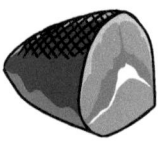

de Schinken

șuncă

de Salami

salam

de Wust

cârnați

dat Hohn

pui

de Braden

friptură

de Fisch

pește

dat Eten - mâncare

de Haverflocken

fulgi de ovăz

dat Müsli

musli

de Cornflakes

cereale

dat Mehl

făină

de Croissant

corn

dat Rundstück

chifle

dat Broot

pâine

dat Toast

pâine prăjită

de Keksen

biscuiți

de Botter

unt

de Quark

brânză de vaci

de Koken

prăjitură

dat Ei

ou

dat Spegelei

ouă ochiuri

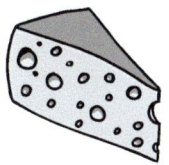

de Kees

brânză

de Ies

îngheţată

de Zucker

zahăr

de Honnig

miere

de Marmelaad

marmeladă

de Nougat-Creme

cremă nuga

dat Curry

curry

dat Eten - mâncare

de Buernhoff
gospodărie țărănească

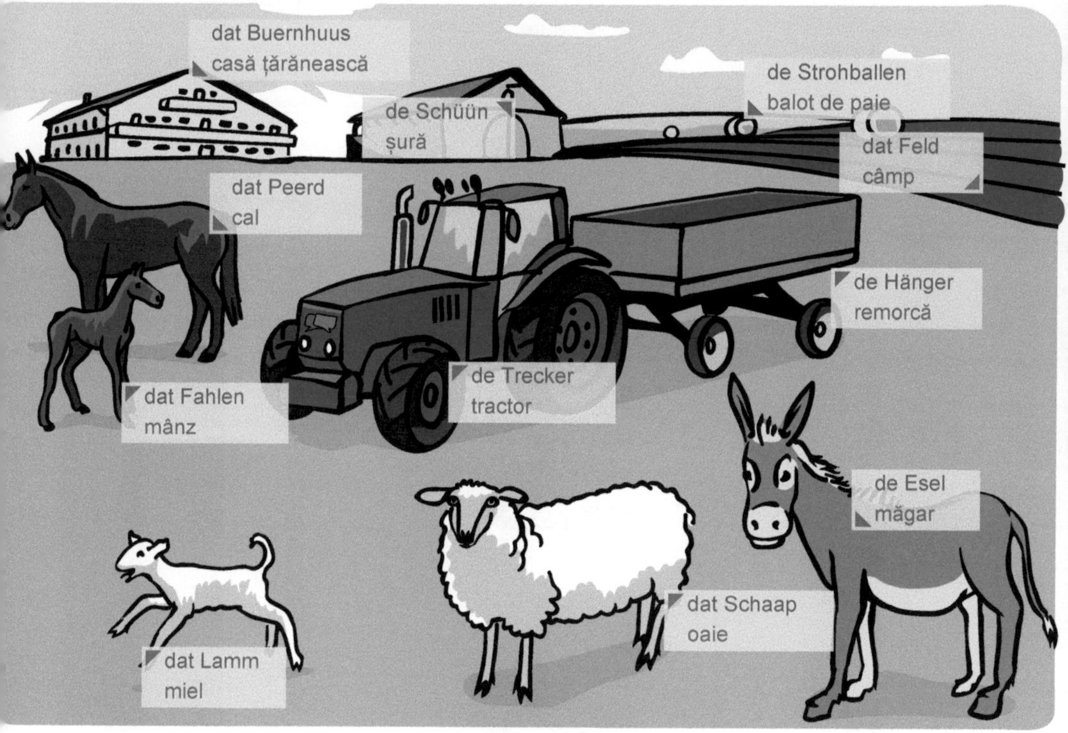
dat Buernhuus
casă țărănească
de Schüün
șură
de Strohballen
balot de paie
dat Feld
câmp
dat Peerd
cal
de Hänger
remorcă
de Trecker
tractor
dat Fahlen
mânz
de Esel
măgar
dat Schaap
oaie
dat Lamm
miel

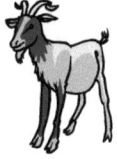

de Zeeg

capră

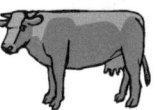

de Koh

vacă

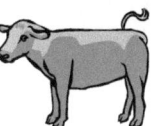

dat Kalf

vițel

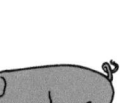

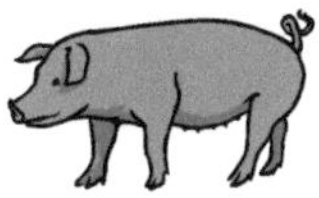

dat Swien

porc

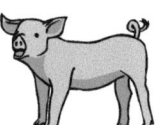

dat Farken

purcel

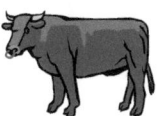

de Bull

taur

de Goos

găină

de Aant

rață

dat Küken

pui

dat Hohn

găină

de Hahn

cocoș

de Rott

șobolan

de Katt

pisică

de Muus

șoarece

de Oss

bou

de Hund

câine

de Hunnenhütt

cușcă

de Goornslauch

furtun de grădină

de Geetkann

stropitoare

de Lee

coasă

de Ploog

plug

de Sich

seceră

de Hack

sapă

de Mestfork

furcă

de Ext

secure

de Schuufkoor

roabă

de Trog

troacă

de Melkkann

cană pentru lapte

de Sack

sac

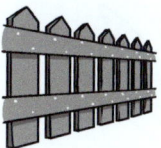

de Tuun

gard

de Stall

grajd

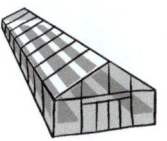

dat Drievhuus

seră

de Bodden

sol

de Saat

sămânță

de Dünger

fertilizator

de Meihdöscher

combină de treierat

oornen

a culege

de Oorn

recoltă

de Yamswöttel

cartof yam

de Weten

grâu

dat Soja

soia

de Kantüffel

cartof

de Törksche Weten

porumb

de Rapp

rapiță

de Aaftboom

pom fructifer

de Troopsch Kantüffel

manioc

dat Koorn

cereale

dat Huus
casă

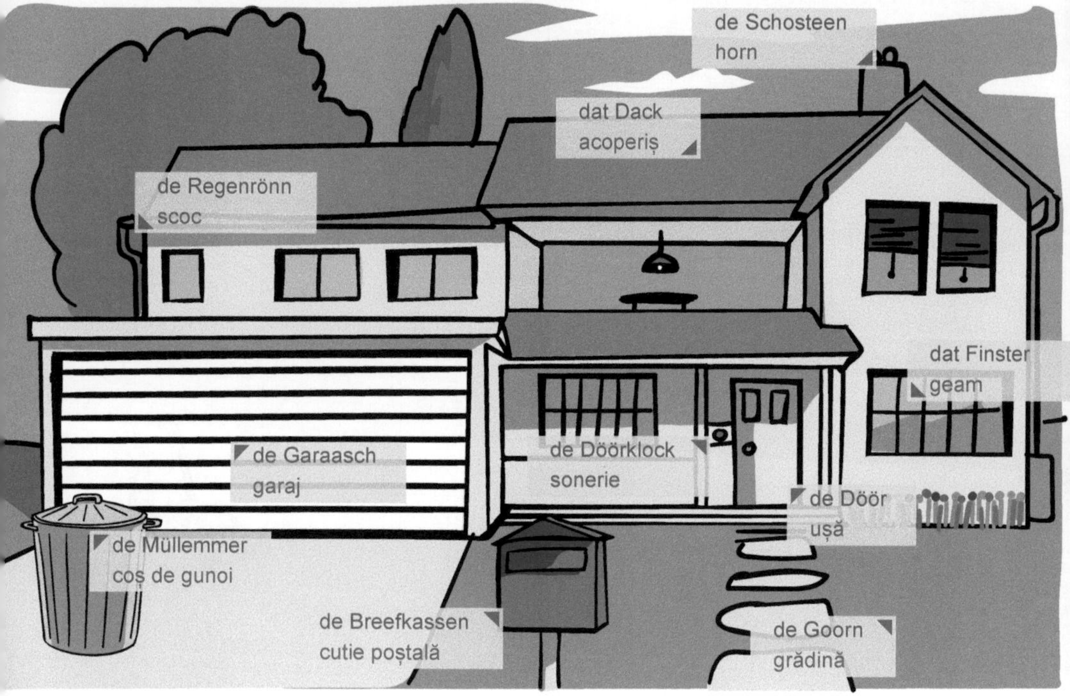

de Schosteen
horn
dat Dack
acoperiș
de Regenrönn
scoc
dat Finster
geam
de Garaasch
garaj
de Döörklock
sonerie
de Döör
ușă
de Müllemmer
coș de gunoi
de Breefkassen
cutie poștală
de Goorn
grădină

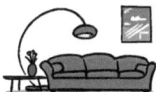

de Wahnstuuv

cameră de zi

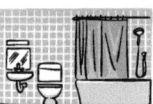

de Baadstuuv

baie

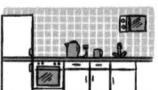

de Köök

bucătărie

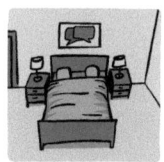

de Slaapstuuv

dormitor

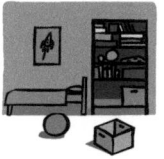

de Kinnerstuuv

camera copiilor

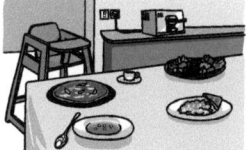

de Eetstuuv

sufragerie

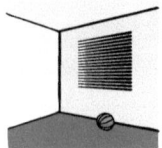

de Footbodden

podea

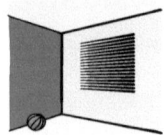

de Wand

perete

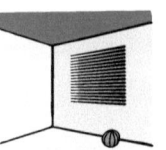

de Deek

tavan

de Keller

pivniță

dat Hittluftbad

saună

de Balkon

balcon

de Terrass

terasă

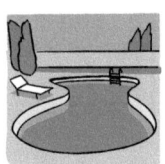

dat Swümmbad

piscină

de Rasenmeiher

mașină de tuns iarba

de Bettbetog

cearșaf

de Bettdeek

cuvertură

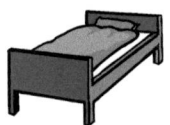

de Puuch

pat

de Bessen

mătură

de Emmer

găleată

de Schalter

întrerupător

de Wahnstuuv

cameră de zi

de Tapeet
tapet
dat Bild
pictură
de Lamp
lampă
dat Regal
raft
dat Schapp
dulap
de Kiekkassen
televizor
de Kamin
șemineu
de Bloom
floare
dat Küssen
pernă
dat Sofa
sofa
de Vaas
vază
de Feernbedenen
telecomandă

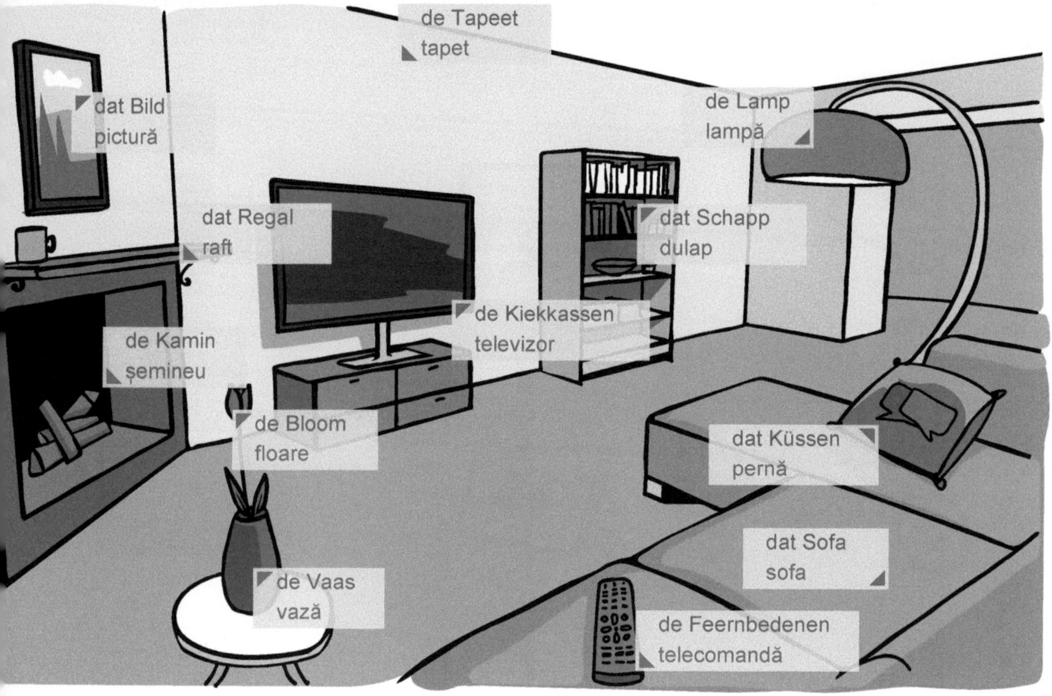

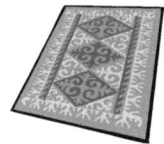

de Teppich

covor

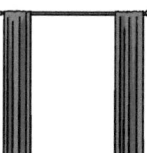

de Vörhang

perdea

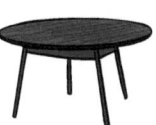

de Disch

masă

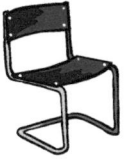

de Stohl

scaun

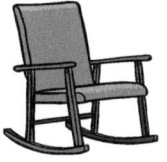

de Schuckelstohl

balansoar

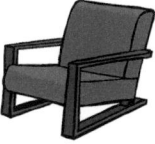

de Sessel

fotoliu

dat Book

carte

de Deek

pătură

de Dekoratschoon

decorațiune

dat Füerholt

lemn de foc

de Film

film

de Stereoanlaag

instalație stereo

de Slötel

cheie

dat Narichtenblatt

ziar

dat Gemälde

desen

dat Poster

poster

dat Radio

radio

de Opschrievblock

caiet de notițe

de Huulbessen

aspirator

de Kaktus

cactus

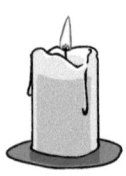

de Kars

lumânare

de Köök

bucătărie

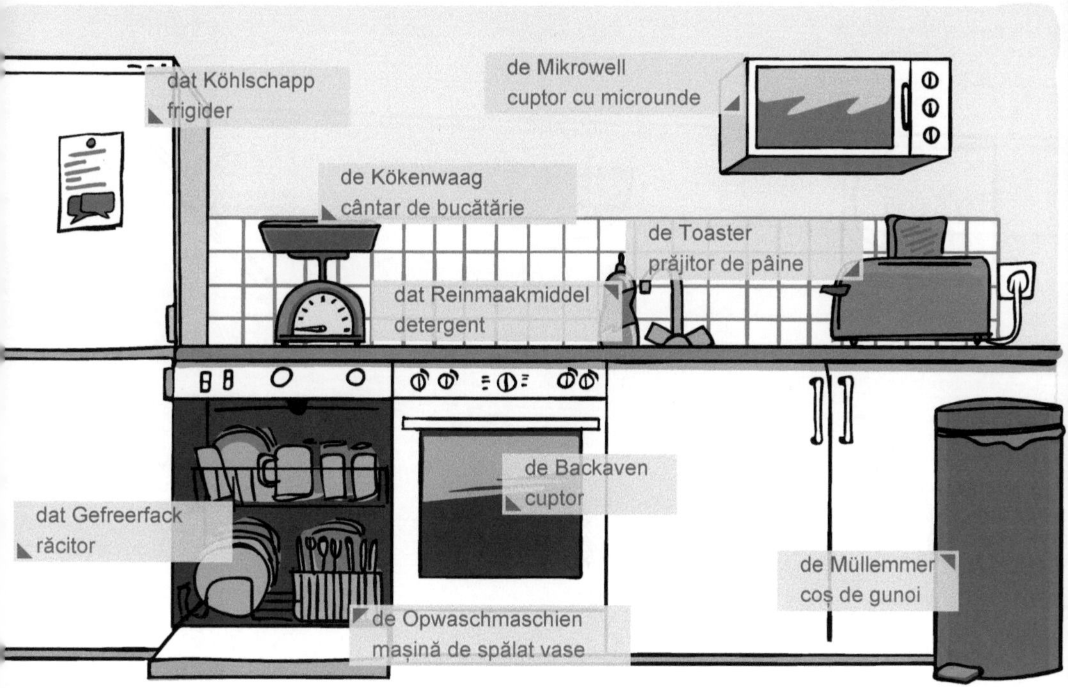

dat Köhlschapp
frigider
de Mikrowell
cuptor cu microunde
de Kökenwaag
cântar de bucătărie
de Toaster
prăjitor de pâine
dat Reinmaakmiddel
detergent
de Backaven
cuptor
dat Gefreerfack
răcitor
de Müllemmer
coș de gunoi
de Opwaschmaschien
mașină de spălat vase

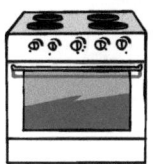

de Heerd

cuptor

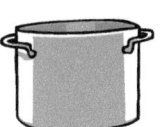

de Pott

oală

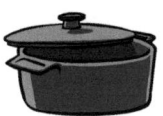

de Gussiesern Putt

oală de metal

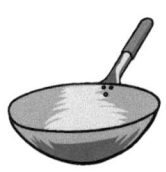

de Wok / Kadai

wok/kadai

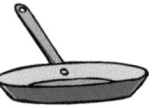

de Pann

tigaie

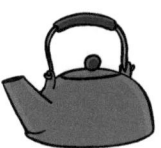

de Waterkaker

ceainic

de Dampkaakputt

oală de gătit cu aburi

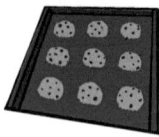

dat Backblick

tavă de copt

dat Geschirr

veselă

de Beker

pahar

de Schaal

bol

de Eetsticken

bețișoare

de Suppenkell

polonic

de Pannenwenner

spatulă

de Sneebessen

tel

dat Kaakseef

sită

dat Seef

sită

de Riev

răzătoare

de Mörser

mojar

de Grill

grătar

de Füerstell

loc pentru grătar

dat Sniedbrett

tocător

dat Nudelholt

sucitor

de Proppentrecker

tirbușon

de Doos

conservă

de Dosenaapner

deschizător de conserve

de Pottlappen

șervete termice

dat Waschbecken

chiuvetă

de Böst

perie

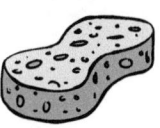

de Swamm

burete

de Mixer

mixer

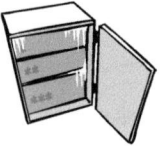

dat Iesschapp

ladă frigorifică

de Nuckelbuddel

biberon

de Waterhahn

robinet

de Baadstuuv

baie

de Heizung
încălzire
de Bruus
duș
dat Handdook
prosop
de Bruusvörhang
perdea de duș
dat Schuumbad
baie cu spumă
de Baadwann
cadă
dat Glas
pahar
de Waschmaschien
mașină de spălat
de Waterhahn
robinet
de Fliesen
gresie
de lütte Putt
oală de noapte
dat Waschbecken
chiuvetă

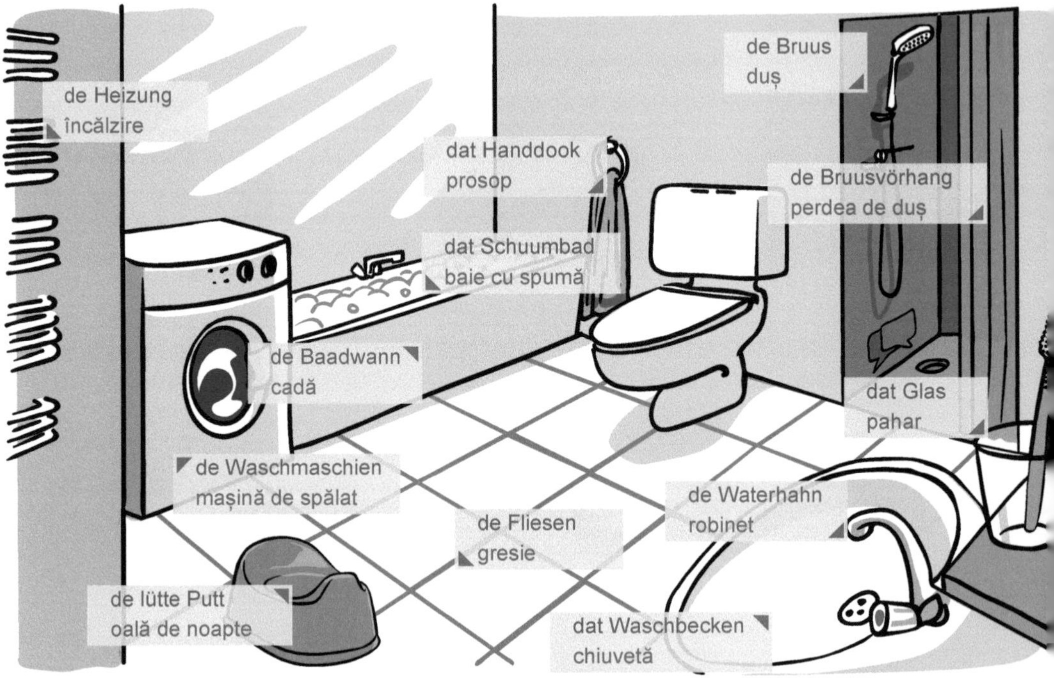

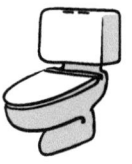

de Tante Meier

toaletă

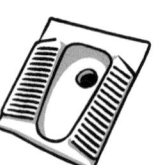

de Hockklo

toaletă turcescă

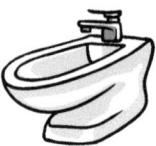

dat Bidet

bideu

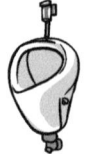

dat Miegbecken

pisoir

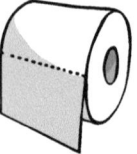

dat Klopapeer

hârtie igienică

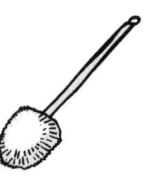

de Kloböst

perie de toaletă

de Tähnböst

periuță de dinți

de Tähnpast

pastă de dinți

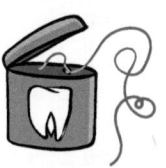

de Tähnsied

ață dentară

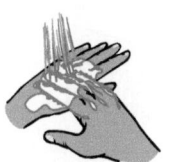

waschen

a spăla

de Handbruus

cap de duș

de Intimbruus

duș intim

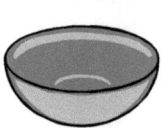

de Waschschöttel

lavoar

de Rüchböst

perie pentru spate

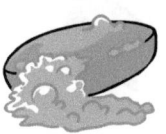

de Seep

săpun

dat Bruusgeel

gel de duș

dat Hoorwaschmiddel

șampon

de Waschlappen

cârpă de spălat

de Afloop

scurgere

de Creme

cremă

dat Deodorant

deodorant

de Spegel

oglindă

de Kosmetikspegel

oglindă cosmetică

de Raserer

aparat de ras

de Raseerschuum

spumă de ras

dat Raseerwater

aftershave

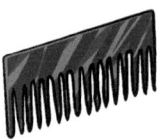

de Kamm

pieptene

de Böst

perie

de Hoordröger

uscător de păr

dat Hoorspray

fixator

de Smink

machiaj

de Lippensticken

ruj

de Nagellack

lac de unghii

de Watt

vatā

de Nagelscheer

foarfece de unghii

dat Rüükwater

parfum

de Kulturbüdel

neseser

de Schemel

taburet

de Waag

cântar

de Baadmantel

halat de baie

de Gummihanschen

mănuși de cauciuc

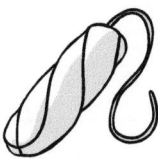

de Tampon

tampon

de Damenbinn

tampon

dat Chemieklo

toaletă chimică

de Kinnerstuuv

camera copiilor

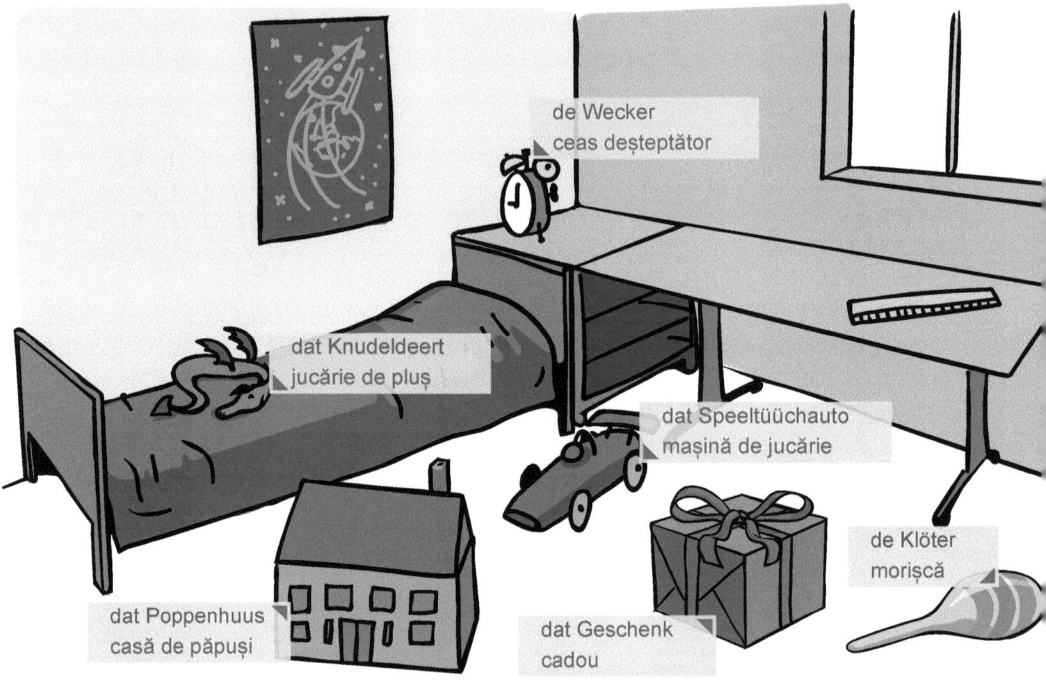
de Wecker
ceas deșteptător
dat Knudeldeert
jucărie de pluș
dat Speeltüüchauto
mașină de jucărie
de Klöter
morișcă
dat Poppenhuus
casă de păpuși
dat Geschenk
cadou

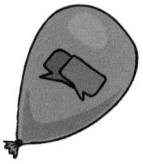

de Luftballon

balon

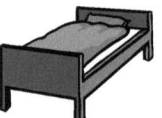

de Puuch

pat

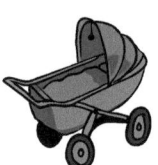

de Kinnerwagen

cărucior de copii

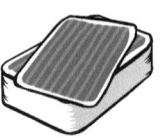

dat Koortenspeel

joc de cărți

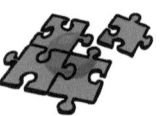

dat Puzzle

puzzle

SUPER MEGA

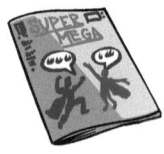

de Billergeschicht

revistă de benzi desenate

de Legostenen

cuburi lego

de Bustenen

piese pentru construcții

de Action-Figur

personaj din filmele de acțiune

de Strampelantog

body

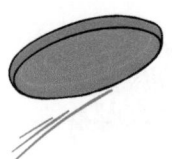

de Frisbeeschiev

frisbee

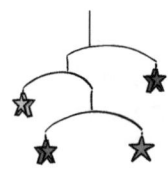

dat Mobile

mobil

dat Brettspeel

joc de societate

de Wörpel

zar

de Modelliesenbahn

set trenuleț de jucărie

de Snuller

suzetă

de Party

petrecere

dat Billerbook

carte cu poze

de Ball

minge

de Popp

păpușă

spelen

a se juca

de Sandkassen

groapă de nisip

de Schuckel

leagăn

dat Speeltüüch

jucării

de Speelkonsool

consolă video

dat Dreerad

tricicletă

de Teddyboor

ursuleț

dat Klederschapp

dulap

de Socken

șosete

de Strümp

ciorapi

de Strumpbüx

dres

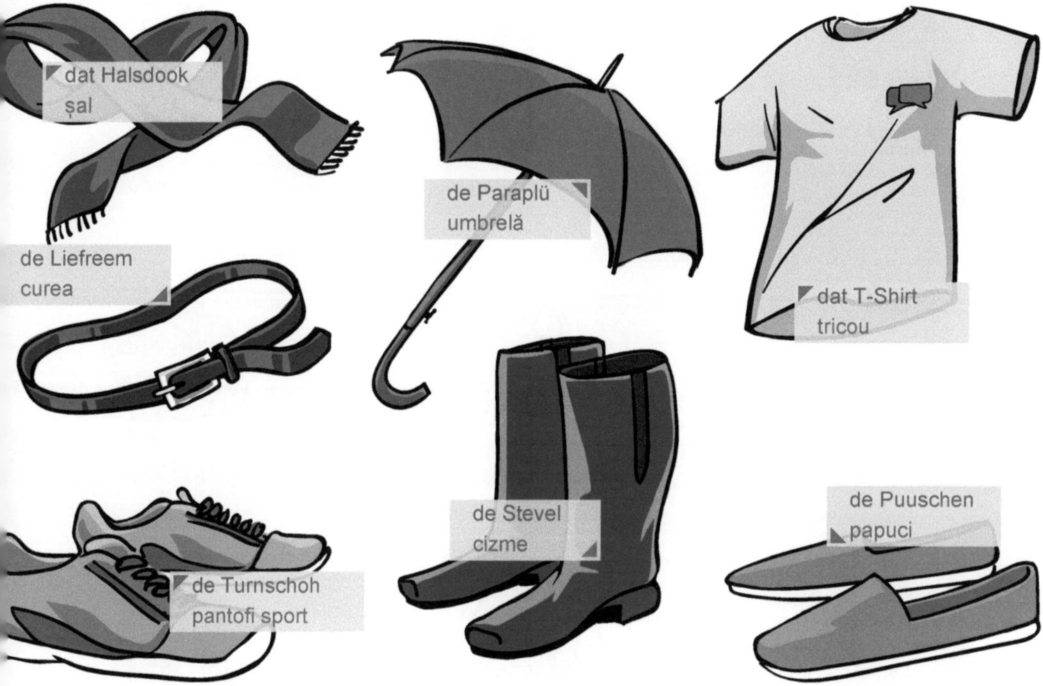

dat Halsdook
șal

de Paraplü
umbrelă

dat T-Shirt
tricou

de Liefreem
curea

de Turnschoh
pantofi sport

de Stevel
cizme

de Puuschen
papuci

de Sandalen

sandale

de Schoh

încălțăminte

de Gummistevel

cizme de cauciuc

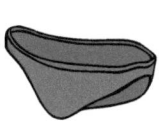

de Ünnerbüx

chilot

de Bostholler

sutien

dat Ünnerhemd

maiou

de Lief

body

de Büx

pantaloni

de Jeansnüx

blugi

de Rock

fustă

de Bluus

bluză

dat Hemd

cămașă

de Pullover

pulover

de Kapuzenpullover

jerseu

de Blazer

sacou

de Jack

jachetă

de Mantel

palton

de Övertrecker

pelerină de ploaie

dat Kostüm

costum

dat Kleed

rochie

dat Hochtietskleed

rochie de mireasă

de Antog

costum

dat Nachtkleed

cămașă de noapte

de Slaapantog

pijama

de Sari

sari

dat Koppdook

batic

de Turban

turban

de Burka

burka

de Kaftan

caftan

de Abaya

abaya

de Baadantog

costum de baie

de Baadbüx

șort

de Korte Büx

pantaloni scurți

de Antog to'n Öven

trening

de Schört

șorț

de Handschoh

mănuși

de Knopp

nasture

de Brill

ochelari

dat Armband

brățară

de Halskeed

lanț

de Ring

inel

de Ohrbummel

cercel

de Mütz

căciulă

de Klederbögel

umeraș

de Hoot

pălărie

de Binner

cravată

de Rietslüter

fermoar

de Helm

cască

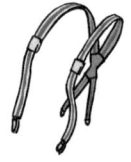

dat Drachtband

bretele

de Schooluniform

uniformă școlară

de Uniform

uniformă

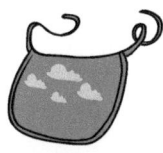

de Severböten

bavețică

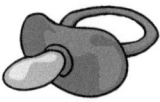

de Snuller

suzetă

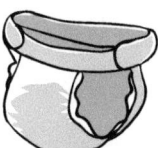

de Winnel

scutec

dat Büro

birou

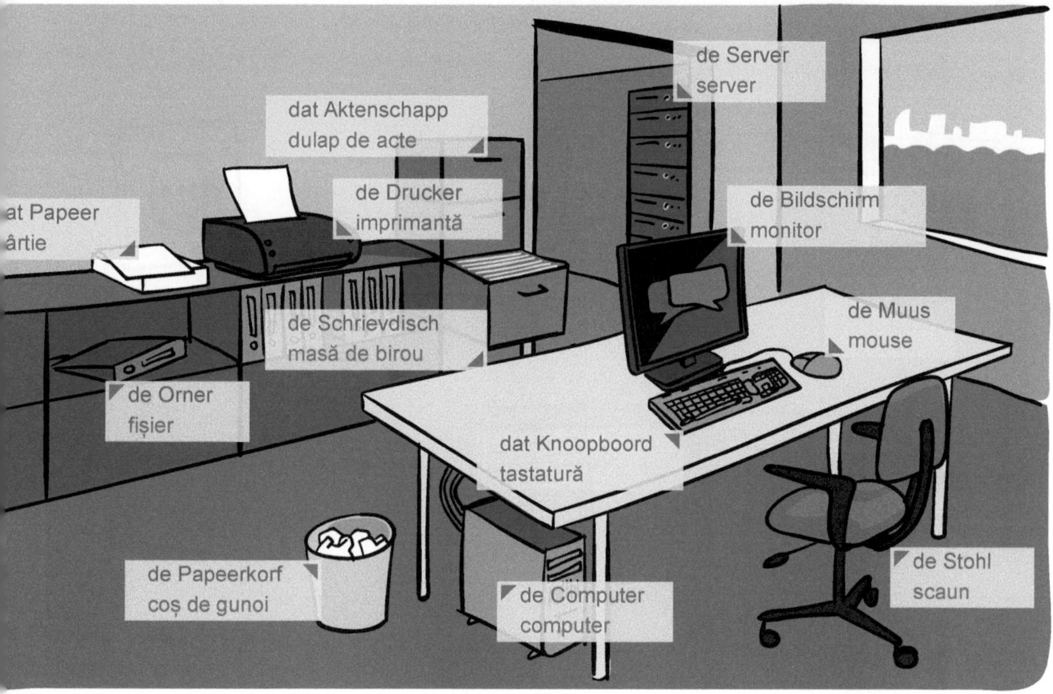

de Server
server
dat Aktenschapp
dulap de acte
de Drucker
imprimantă
at Papeer
ârtie
de Bildschirm
monitor
de Schrievdisch
masă de birou
de Muus
mouse
de Orner
fișier
dat Knoopboord
tastatură
de Papeerkorf
coș de gunoi
de Computer
computer
de Stohl
scaun

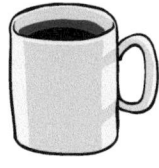

de Koffiebeker

ceașcă de cafea

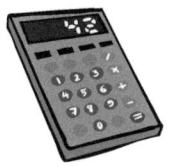

de Taschenreekner

calculator

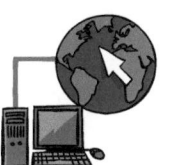

dat Internet

internet

de Klappreekner

laptop

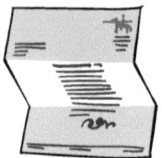

de Breef

scrisoare

de Naricht

mesaj

de Ackersnacker

telefon mobil

dat Nettwark

rețea

de Kopeerapparat

copiator

de Software

software

de Klöönkassen

telefon

de Steekdoos

priză

de Faxapparat

fax

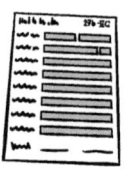

dat Formulor

formular

dat Dokument

document

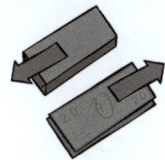

köpen

a cumpăra

betahlen

a plăti

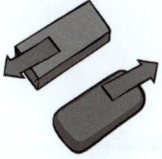

hanneln

a face comerț

dat Geld

bani

de Dollar

Dolar

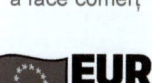

de Euro

Euro

de Yen

Yen

de Ruvel

Rublă

de Swiezer Franken

Franc Elvețian

de Renminbi Yuan

renminbi yuan

de Rupie

Rupie

de Geldautomat

bancomat

de Wesselstuuv

casă de schimb valutar

dat Gold

aur

dat Sülver

argint

dat Ööl

petrol

de Energie

energie

de Pries

preț

de Verdrag

contract

de Stüer

impozit

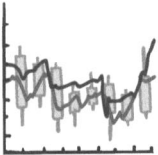

de Andeelschien

acțiune

arbeiden

a munci

de Anstellte

angajat

de Arbeitgever

angajator

de Fabrik

fabricä

de Hökerie

magazin

de Profeschonen

ocupații

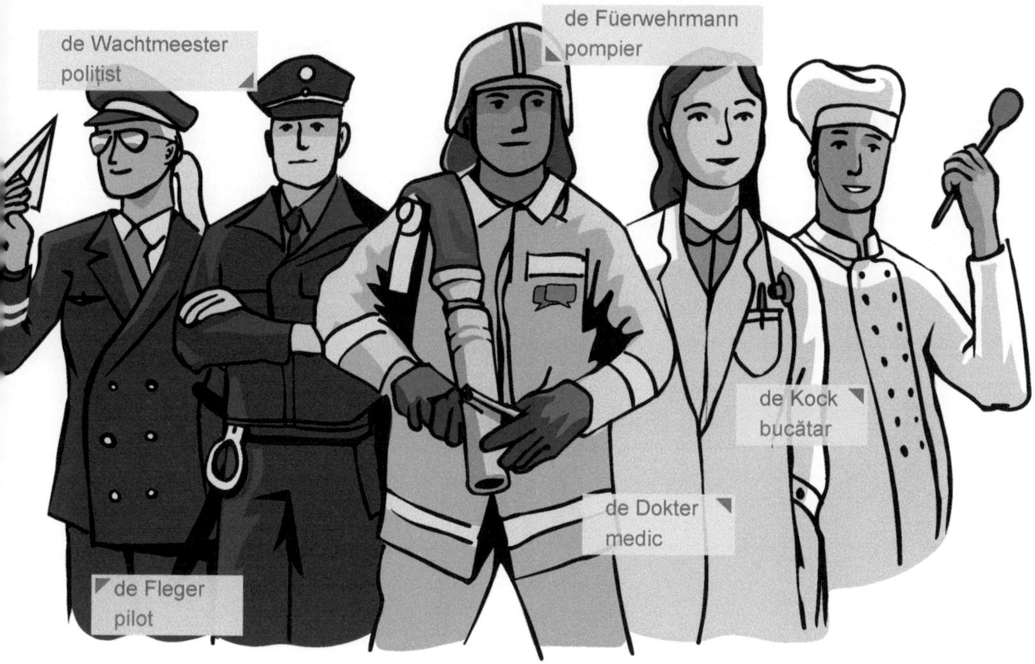

de Wachtmeester
polițist
de Füerwehrmann
pompier
de Kock
bucătar
de Dokter
medic
de Fleger
pilot

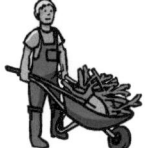

de Goorner

grădinar

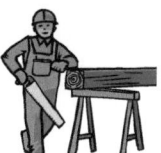

de Discher

tâmplar

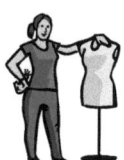

de Neihersche

cusătoreasă

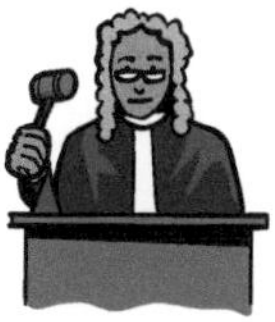

de Richter

judecător

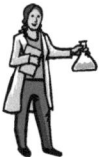

de Chemiker

chimist

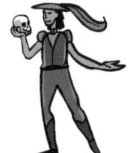

de Schauspeler

actor

de Busfohrer

șofer de autobuz

de Taxifohrer

șofer de taxi

de Fischer

pescar

de Reinmaakfru

femeie de serviciu

de Dackdecker

tinichigiu

de Kellner

chelnăr

de Jäger

vânător

de Maler

pictor

de Bäcker

brutar

de Elektriker

electrician

de Buarbeider

muncitor în construcții

de Ingenieur

inginer

de Slachter

măcelar

de Klempner

instalator

de Postbüdel

poștaș

de Profeschonen - ocupații

de Suldat

soldat

de Architekt

arhitect

de Kasserer

casier

de Florist

florar

de Putzbüdel

frizer

de Schaffner

controlor

de Mechaniker

mecanic

de Kaptein

căpitan

de Tähndokter

stomatolog

de Wetenschopler

om de știință

de Rabbi

rabin

de Imam

imam

de Mönk

călugăr

de Paap

preot

de Profeschonen - ocupații

55

dat Warktüüch
instrumente

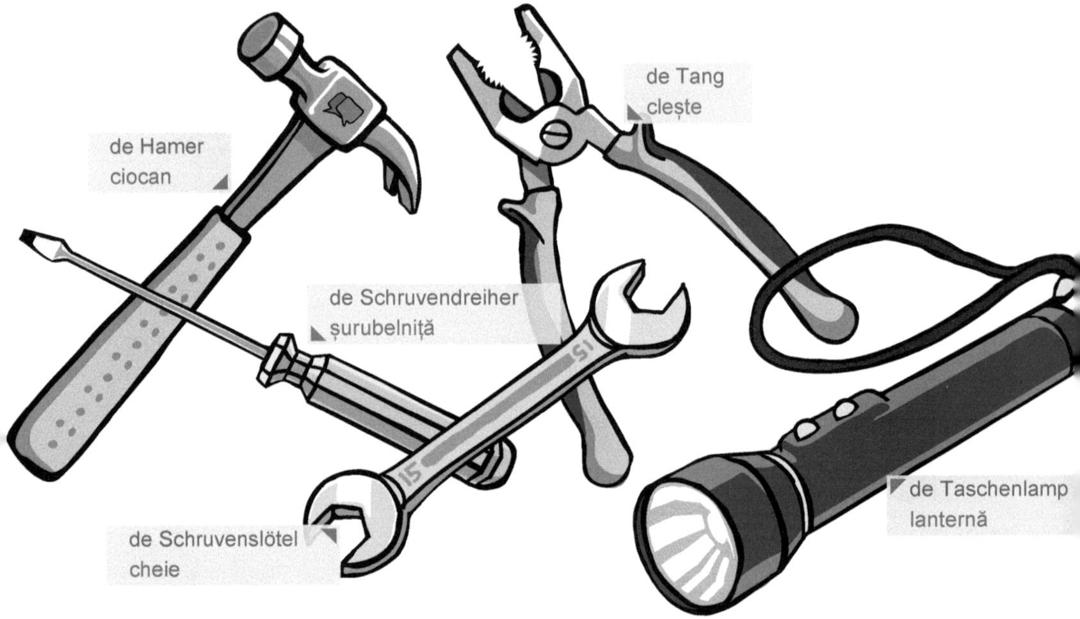
de Hamer
ciocan
de Tang
clește
de Schruvendreiher
șurubelniță
de Schruvenslötel
cheie
de Taschenlamp
lanternă

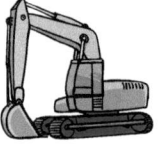

de Grieper

excavator

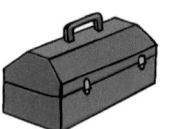

de Warktüüchkassen

cutie de scule

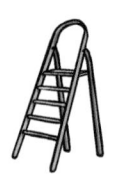

de Ledder

scară

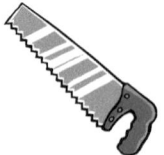

de Saag

ferăstrău

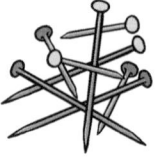

de Nagels

cuie

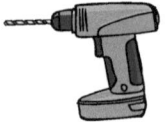

de Bohrer

burghiu

heelmaken

a repara

de Schüffel

lopată

Schiet!

La naiba!

dat Kehrblick

făraș

de Farvpott

vas pentru vopsea

de Schruven

șuruburi

de Musikinstrumenten
instrumente muzicale

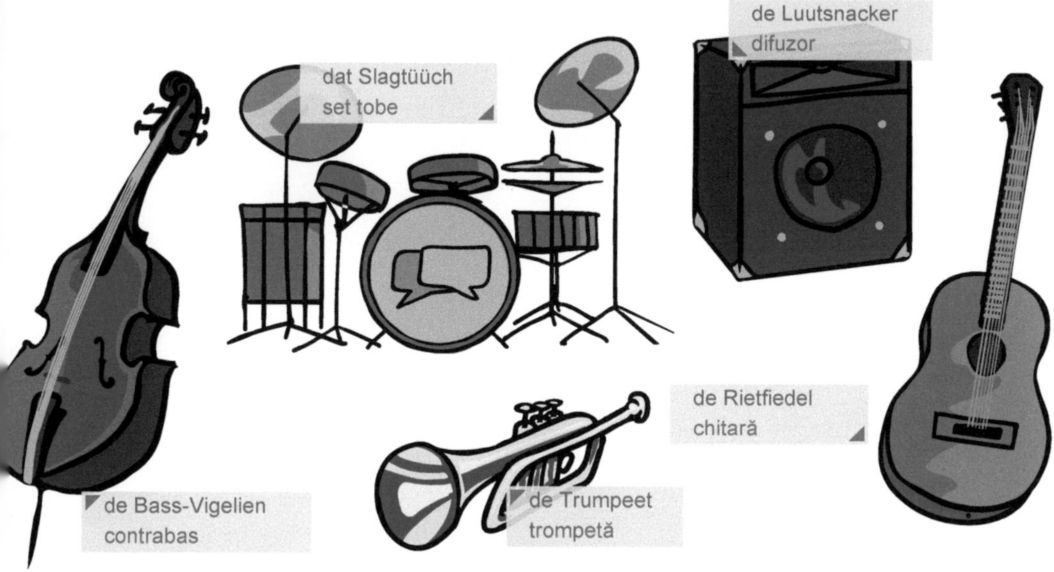

de Luutsnacker
difuzor

dat Slagtüüch
set tobe

de Rietfiedel
chitară

de Bass-Vigelien
contrabas

de Trumpeet
trompetă

dat Klaveer

pian

de Vigelien

vioară

de Bass

bas

de Pauk

trombon

de Trummeln

tobă

dat Keyboard

keyboard

dat Saxophon

saxofon

de Fleut

fluier

dat Mikrofoon

microfon

de Deertenpark
grădină zoologică

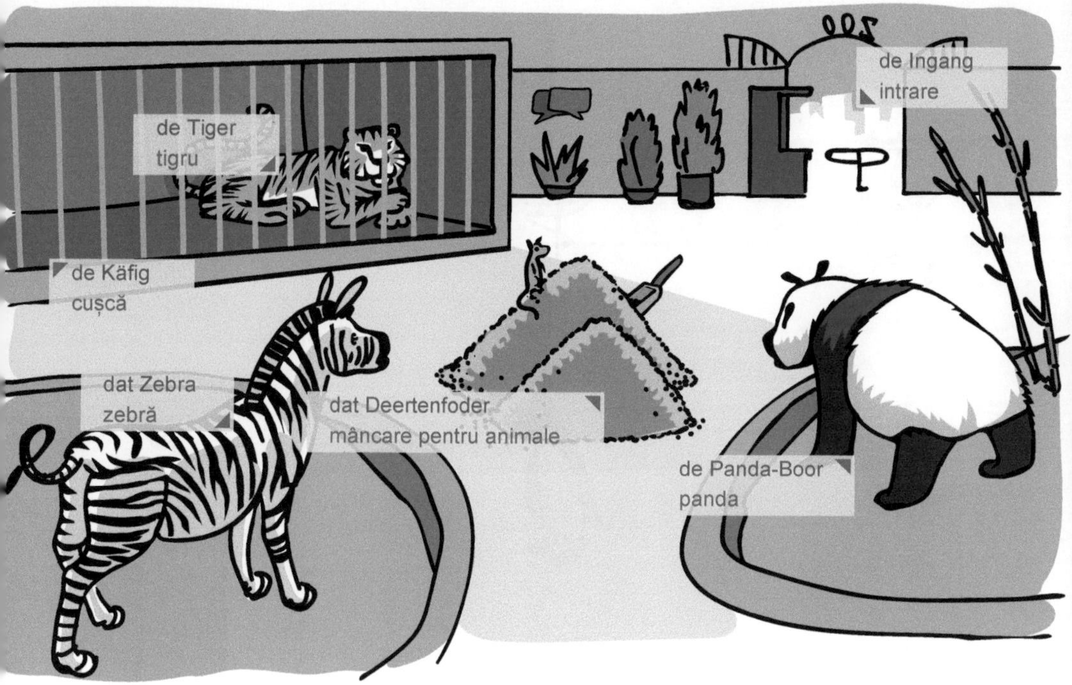

de Tiger
tigru
de Ingang
intrare
de Käfig
cușcă
dat Zebra
zebră
dat Deertenfoder
mâncare pentru animale
de Panda-Boor
panda

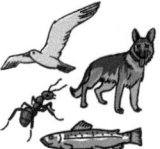

de Deerten

animale

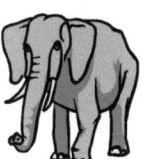

de Elefant

elefant

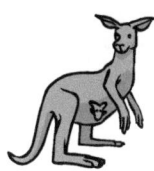

dat Känguru

cangur

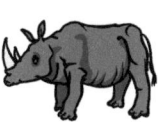

dat Neeshoorn

rinocer

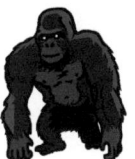

de Gorilla

gorilă

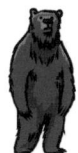

de Boor

urs

dat Kameel

cămilă

de Struuß

struț

de Lööv

leu

de Aap

maimuță

de Flamingo

flamingo

de Papagoi

papagal

de Iesboor

urs polar

de Pinguin

pinguin

de Haifisch

rechin

de Pageluun

păun

de Slang

șarpe

dat Krokodil

crocodil

de Oppasser in'n
Deertenpark
îngrijitor grădina zoologică

de Saalhund

focă

de Jaguor

jaguar

dat Pony

ponei

de Leopard

leopard

dat Nilpeerd

hipopotam

de Giraff

girafă

de Aadler

acvilă

dat Wildswien

porc mistreţ

de Fisch

peşte

de Schildkrööt

broască ţestoasă

dat Walross

morsă

de Voss

vulpe

de Gazell

gazelă

de Amerikaansch Football
fotbal american

dat Radfohren
ciclism

dat Tennis
tenis

de Korfball
basketball

dat Swümmen
înot

dat Ieshockey
hockey pe gheață

dat Boxen
box

de Football

fotbal

dat Fedderball

badminton

de Leichtathletik

atletism

de Handball

handbal

dat Skilopen

schi

dat Polo

polo

de Aktivitäten
activități

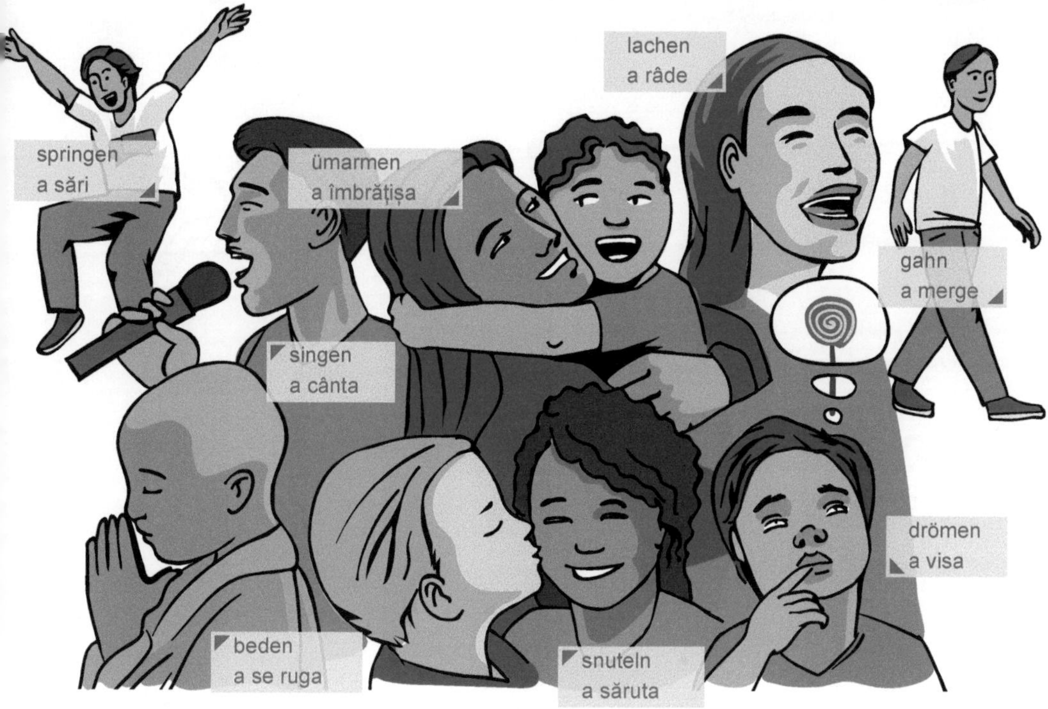
lachen
a râde
springen
a sări
ümarmen
a îmbrățișa
gahn
a merge
singen
a cânta
drömen
a visa
beden
a se ruga
snuteln
a săruta

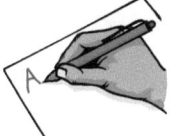

schrieven

a scrie

teken

a desena

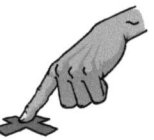

wiesen

a arăta

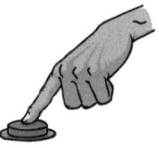

drücken

a împinge

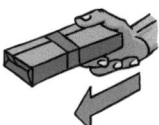

geven

a da

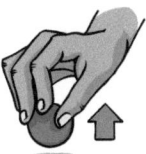

nehmen

a lua

hebben

a avea

doon

a face

sien

a fi

stahn

a sta în picioare

lopen

a fugi

trecken

a trage

smieten

a arunca

fallen

a cădea

liggen

a sta întins

töven

a aștepta

dregen

a purta

sitten

a ședea

antrecken

a se îmbrăca

slapen

a dormi

opwaken

a se trezi

ankieken

a privi

wenen

a plânge

eien

a mângâia

kämmen

a se pieptăna

snacken

a vorbi

verstahn

a înțelege

fragen

a întreba

hören

a asculta

drinken

a bea

eten

a mânca

oprümen

a face ordine

leefhebben

a iubi

kaken

a găti

fohren

a conduce

flegen

a zbura

segeln

a naviga

reken

a calcula

lesen

a citi

lehren

a învăța

arbeiden

a munci

de Plünnen tohoopsmieten

a se căsători

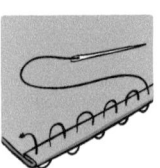

neihen

a coase

Tähnen putzen

a se spăla pe dinți

dootmaken

a ucide

smöken

a fuma

schicken

a trimite

de Grootmoder
bunică

de Grootvadder
bunic

de Vadder
tată

de Moder
mamă

at Winnelkind
bebeluș

de Dochter
soră

de Söhn
fiu

de Gast

oaspete

de Tant

mătușă

de Unkel

unchi

de Broder

frate

de Süster

soră

de Lief
corp

de Vörkopp
frunte
dat Oog
ochi
de Schuller
umăr
de Finger
deget
dat Gesicht
față
dat Kinn
bărbie
de Hand
mână
dat Been
picior
de Bost
piept
de Arm
braț

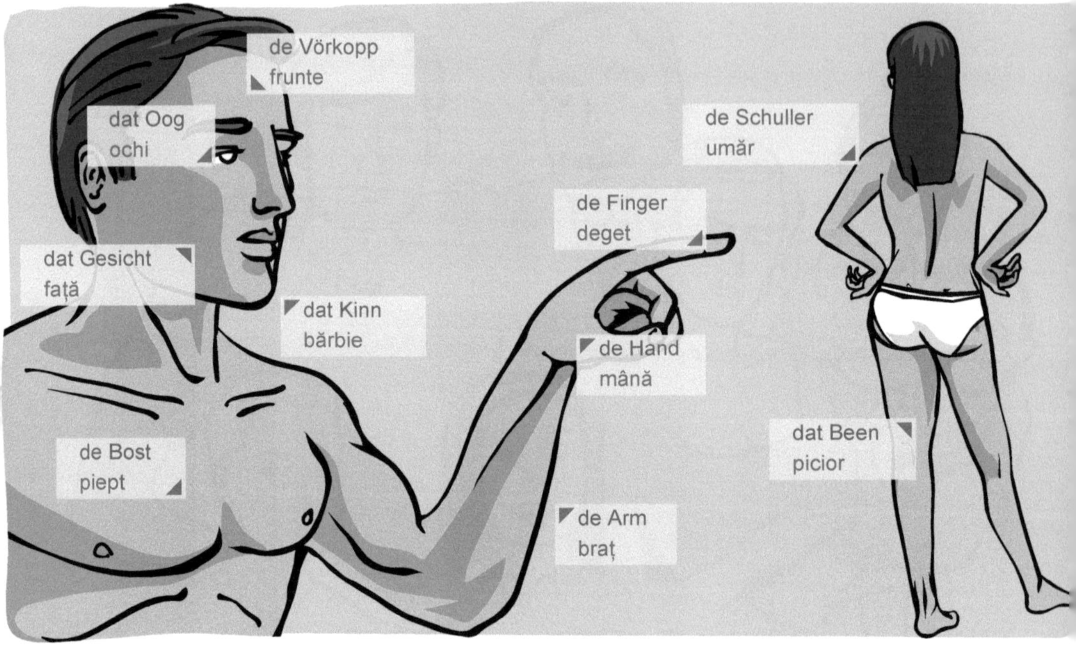

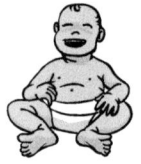

dat Winnelkind

bebeluș

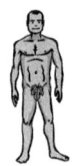

de Mann

bărbat

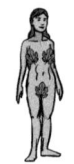

de Fro

femeie

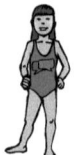

de Deern

fată

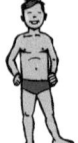

de Jung

băiat

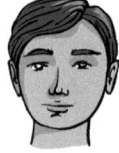

de Arm

cap

de Rüch

spate

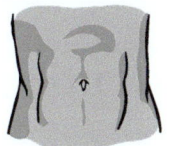

de Buuk

abdomen

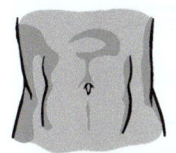

de Navel

ombilic

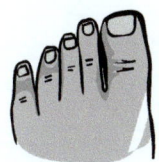

de Teh

deget de la picior

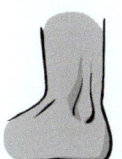

de Hack

călcâi

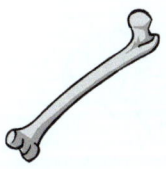

de Knaken

os

de Hüft

șold

dat Knee

genunchi

de Ellbagen

cot

de Nees

nas

de Achtersen

fund

de Huut

piele

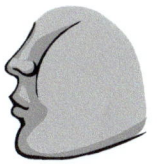

de Back

obraz

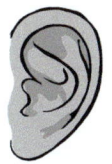

dat Ohr

ureche

de Lipp

buză

de Mund

gură

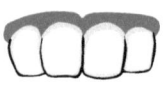

de Tähn

dinte

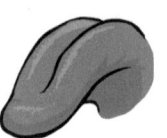

de Tung

limbă

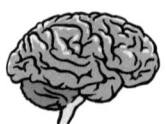

de Bregen

creier

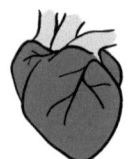

dat Hart

inimă

de Muskel

mușchi

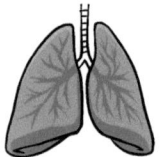

de Lung

plămân

de Lever

ficat

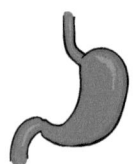

de Maag

stomac

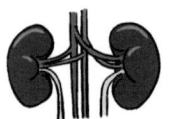

de Neren

rinichi

de Bislaap

sex

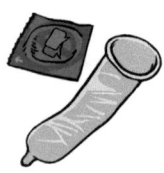

dat Kondoom

prezervativ

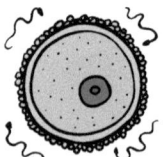

de Eizell

ovul

dat Sperma

spermă

de Anner Ümstänn

sarcină

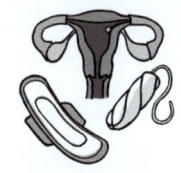

de Menstruatschoon

menstruație

de Scheed

vagin

de Pint

penis

de Ogenbroe

sprânceană

dat Hoor

păr

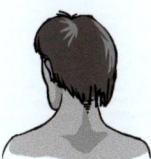

de Hals

gât

dat Krankenhuus
spital

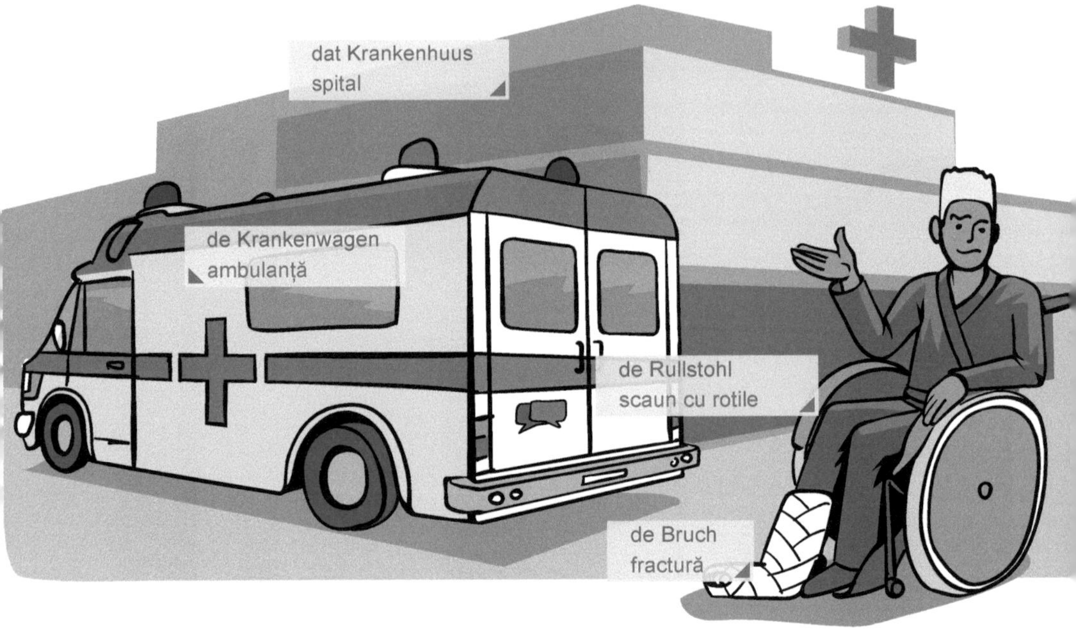

dat Krankenhuus
spital
de Krankenwagen
ambulanță
de Rullstohl
scaun cu rotile
de Bruch
fractură

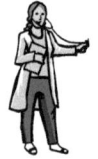

de Dokter

medic

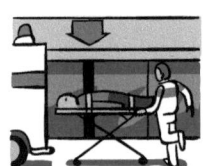

de Nootopnahm

unitate de primiri urgențe

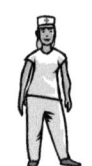

de Krankensüster

soră medicală

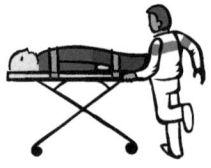

de Nootfall

urgență

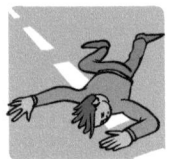

ahnmächtig

inconștient

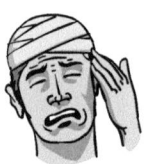

de Wehdaag

durere

de Verwunnen

leziune

de Blöden

sângerare

de Hartinfarkt

infarct miocardic

de Slaganfall

atac cerebral

de Allergie

alergie

de Hoosten

tuse

dat Fever

febră

de Gripp

gripă

de Dörchfall

diaree

de Koppwehdaag

durere de cap

de Kreeft

cancer

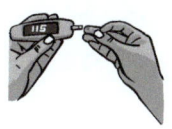

de Zuckersüük

diabet

de Chirurg

chirurg

dat Chirurgsch Mess

scalpel

de Operatschoon

operație

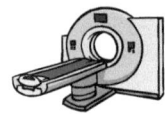

dat CT

CT

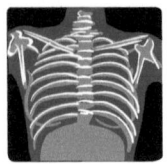

de Dörchlüchten

raze Röntgen

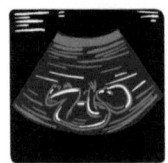

de Ultraschall

ultrasunet

de Mask

mască

de Krankheit

boală

de Töövruum

sală de așteptare

de Krück

cârjă

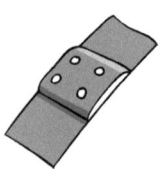

dat Plaaster

plasture

de Verband

bandaj

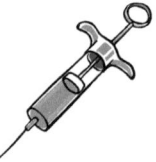

de Insprütten

injecție

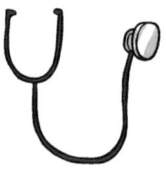

dat Stethoskop

stetoscop

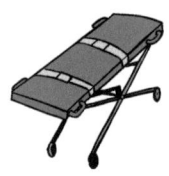

de Draag

targă

dat Feverthermometer

termometru

de Geboort

naștere

dat Övergewicht

supraponderabilitate

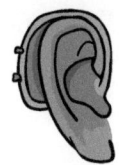

de Höörapparat

aparat auditiv

dat Kiemfriemiddel

dezinfectant

de Ansteken

infecție

de Virus

virus

dat HIV / AIDS

HIV/SIDA

dat Heelmiddel

medicină

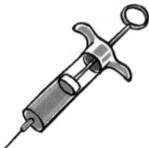

de Impen

vaccin

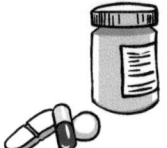

de Tabletten

tablete

de Pill

pastilă

de Nootroop

apel de urgență

de Blootdruck-Meter

aparat de măsurare a
presiunii arteriale

krank / gesund

bolnav/sănătos

Hölp!

Ajutor!

de Alarm

alarmă

de Överfall

agresiune

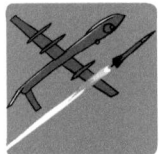

de Angreep

atac

de Gefohr

pericol

de Nootutgang

ieşire de urgenţă

dat Füer!

Foc!

de Füerlöscher

extinctor

de Unfall

accident

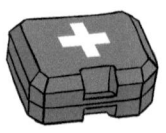

de Noothölpkoffer

trusă de prim-ajutor

SOS

SOS

de Polizei

poliţie

Europa

Europa

Noordamerika

America de Nord

Süüdamerika

America de Sud

Afrika

Africa

Asien

Asia

Australien

Australia

de Atlantik

Altantic

de Pazifik

Pacific

dat Indisch Weltmeer

Oceanul Indian

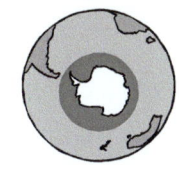

at Antarktisch Weltmeer

Oceanul Antarctic

dat Arktisch Weltmeer

Oceanul Arctic

de Noordpol

Polul Nord

de Süüdpol

Polul Sud

de Antarktis

Antarctica

de Eerd

pământ

dat Land

țară

de See

mare

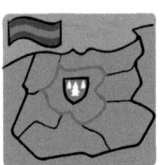

dat Eiland

insulă

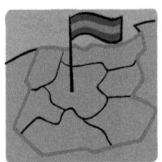

de Natschoon

națiune

de Staat

stat

dat Tallenblatt

cadran

de Stunnenwieser

orar

de Minutenwieser

minutar

de Sekunnenwieser

secundar

Wo laat is dat?

Cât e ceasul?

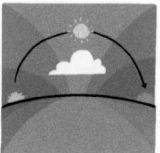

de Dag

zi

de Tiet

timp

nu

acum

de digetaalsch Klock

cead digital

de Minuut

minut

de Stunn

oră

de Week
săptămână

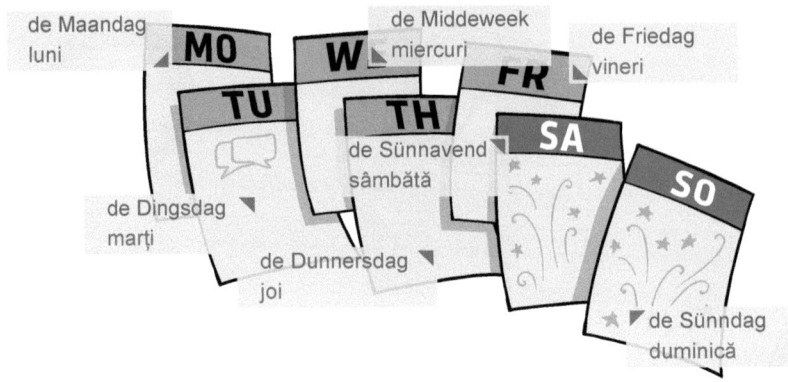

de Maandag
luni

de Middeweek
miercuri

de Friedag
vineri

de Dingsdag
marți

de Dunnersdag
joi

de Sünnavend
sâmbătă

de Sünndag
duminică

güstern

ieri

hüüt

azi

morgen

mâine

de Morgen

dimineață

de Meddag

amiază

de Avend

seară

MO	TU	WE	TH	FR	SA	SU
1	2	3	4	5	6	7
8	9	10	11	12	13	14
15	16	17	18	19	20	21
22	23	24	25	26	27	28
29	30	31	1	2	3	4

de Arbeitsdaag

zile lucrătoare

MO	TU	WE	TH	FR	SA	SU
1	2	3	4	5	6	7
8	9	10	11	12	13	14
15	16	17	18	19	20	21
22	23	24	25	26	27	28
29	30	31	1	2	3	4

dat Wekenenn

week-end

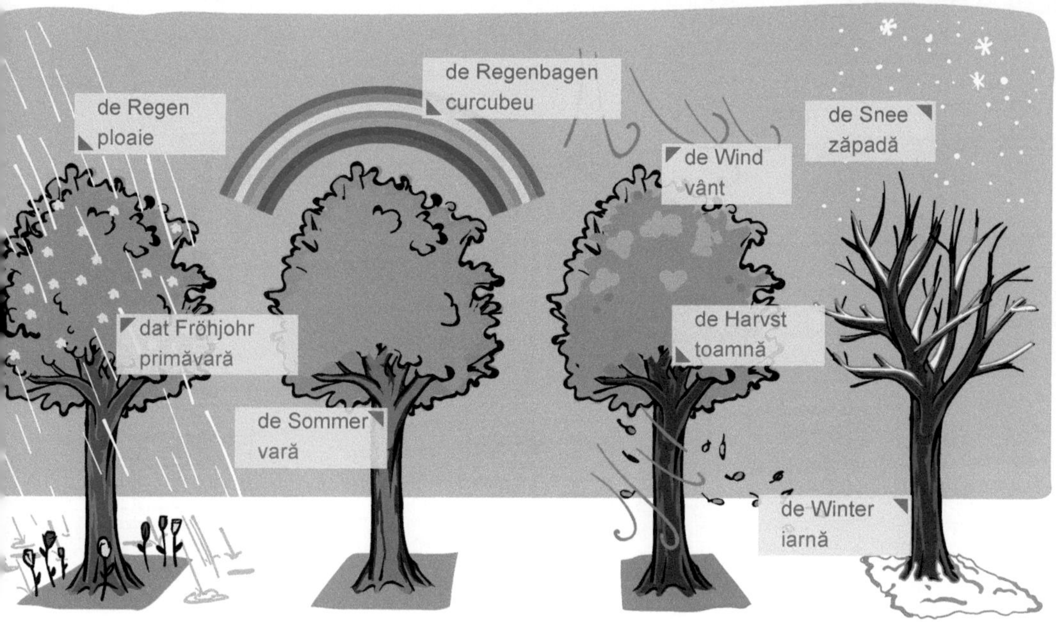

de Regen
ploaie
de Regenbagen
curcubeu
de Wind
vânt
de Snee
zăpadă
dat Fröhjohr
primăvară
de Harvst
toamnă
de Sommer
vară
de Winter
iarnă

4.APRIL 11°
5.APRIL 4°
6.APRIL 13°
7.APRIL 8°
8.APRIL 10°

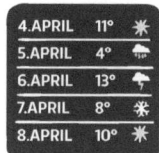

de Wedervörhersaag

prognoză meteo

F
C
120
90
60
30
0
-30
40
30
20
10
0
-10
-20

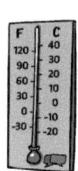

dat Thermometer

termometru

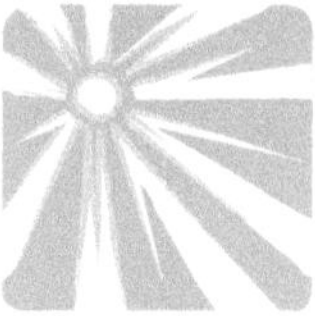

de Sünnenschien

lumina soarelui

de Wulk

nor

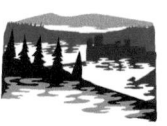

de Nevel

ceață

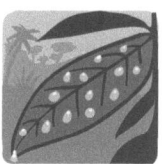

de Luftfuchtigkeit

umiditate a aerului

de Blitz

fulger

de Dunner

tunet

de Storm

furtună

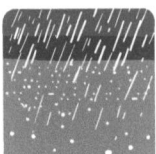

de Hagel

grindină

de Monsun

muson

de Floot

inundație

dat Ies

gheață

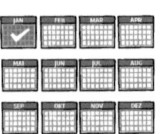

de Januormaand

ianuarie

de Februormaand

februarie

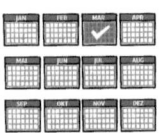

de Martmaand

martie

de Aprilmaand

aprilie

de Maimaand

mai

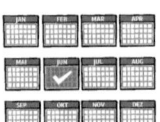

de Junimaand

iunie

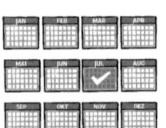

de Julimaand

iulie

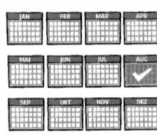

de Augustmaand

august

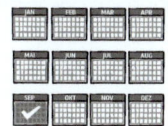

de Septembermaand
....
septembrie

de Oktobermaand
....
octombrie

de Novembermaand
....
noiembrie

de Dezembermaand
....
decembrie

de Formen
forme

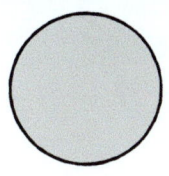

de Krink
....
cerc

dat Quadrat
....
pătrat

dat Rechteck
....
dreptunghi

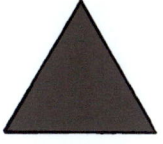

dat Dreeeck
....
triunghi

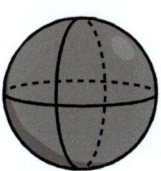

de Kugel
....
sferă

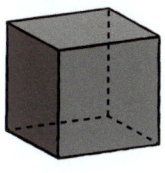

de Wörpel
....
cub

witt
....
alb

geel
....
galben

orangsch
....
portocaliu

pink
....
roz

root
....
roșu

lila
....
violet

blau
....
albastru

gröön
....
verde

bruun
....
maro

gries
....
gri

swart
....
negru

veel / wenig

mult/puțin

böös / verdreeglich

furios/calm

smuck / mies

frumos/urât

de Begünn / dat Enn

început/sfârșit

groot / lütt

mare/mic

hell / düüster

luminos/întunecat

de Broder / de Süster

frate/soră

schier / schietig

curat/murdar

kumpleet / nich kumpleet

complet/incomplet

de Dag / de Nacht

zi/noapte

doot / lebennig

mort/viu

breet / small

lat/strâmt

geneetbor / nich geneetbor

comestibil/necomestibil

böös / fründlich

rău/prietenos

fickerig / langwielt

emoționat/plictisit

dick / dünn

gras/slab

toeerst / toletzt

primul/ultimul

de Fründ / de Fiend

prieten/inamic

vull / leddig

plin/gol

hart / week

tare/moale

swoor / licht

greu/ușor

de Smacht / de Döst

foame/sete

krank / gesund

bolnav/sănătos

nich na't Recht / na't Recht

ilegal/legal

klook / dummerhaftig

inteligent/stupid

linkerhand / rechterhand

stânga/dreapta

neeg / feern

aproape/departe

nieg / bruukt

nou/uzat

nix / wat

nimic/ceva

oolt / jung

bătrân/tânăr

an / ut

pornit/oprit

apen / slaten

deschis/închis

lies / luut

încet/tare

riek / arm

bogat/sărac

richtig / verkehrt

corect/fals

ruug / glatt

aspru/neted

trurig / glücklich

trist/fericit

kort / lang

lung/scurt

suutje / flink

încet/repede

natt / drÖÖg

ud/uscat

warm / köhl

cald/rece

de Krieg / de Freden

război/pace

0

null

zero

1

een

unu

2

twee

doi

3

dree

trei

4

veer

patru

5

fief

cinci

6

söss

șase

7

söven

șapte

8

acht

opt

9

negen

nouă

10

teihn

zece

11

ölven

unsprezece

12

twölf

douăsprezece

13

dörteihn

treisprezece

14

veerteihn

paisprezece

15

föffteihn

cincisprezece

16

sössteihn

șaisprezece

17

söventeihn

șaptesprezece

18

achtteihn

optsprezece

19

negenteihn

nouăsprezece

20

twintig

douăzeci

100

hunnert

o sută

1.000

dusend

o mie

1.000.000

million

un milion

dat Engelsch

engleză

dat Amerikaansch Engelsch

engleză americană

dat Chineesch Mandarin

chineza mandarină

dat Hindi

hindi

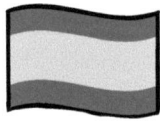

dat Spaansch

spaniolă

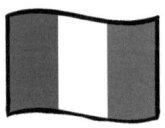

dat Franzöösch

franceză

dat Araabsch

arabă

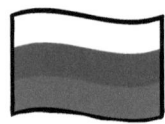

dat Rusch

rusă

dat Portugiesch

protugheză

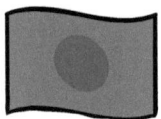

dat Bengaalsch

bengaleză

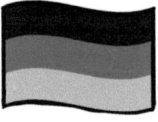

dat Düütsch

germană

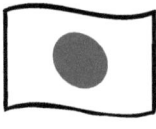

dat Japaansch

japoneză

ik
----
eu

du
----
tu

he / se / dat
----
el/ea

wi
----
noi

ji
----
voi

se
----
ea

keen?
----
cine?

wat?
----
ce?

woans?
----
cum?

woneem?
----
unde?

wannehr?
----
când?

de Naam
----
nume

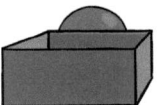

achter

în spate

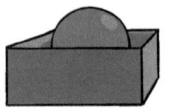

in

în

vör

înainte

över

peste

op

pe

ünner

sub

blangen

lângă

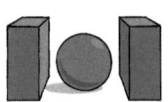

twüschen

între

de Oort

loc